LA
GUYANE FRANÇAISE

ET

L'ORDRE DE SAINT-JOSEPH

DE CLUNY,

LA
GUYANE FRANÇAISE

ET

L'ORDRE DE SAINT - JOSEPH

De Cluny.

Par Mad. Laure Fernard.

PARIS.

IMPRIMERIE DE DUCESSOIS,

QUAI DES AUGUSTINS, 55.

1834

1828

—

IMPRIMERIE DE DUCESSOIS

PARIS

De Gênes

ITINÉRAIRE [illegible]

LA GUYANE FRANÇAISE.

CHAPITRE PREMIER.

Cayenne.

L'ASPECT de Cayenne cause généralement une agréable surprise. On arrive près de terre encore préoccupé de souvenirs de déportation, on s'attend à reconnaître un lieu d'exil, n'offrant à l'œil que sables ou marécages ; déjà au loin, les eaux vaseuses de la mer ajoutent à cette appréhension. Une nature aride, sévère, va sans doute se montrer en harmonie avec cet océan grisâtre. Plus le navire, approche et plus l'eau devient d'une couleur foncée ; de grandes taches en indiquent les différens fonds. Près du cap d'Orange, la mer est tout-à-fait de la couleur dont ce cap porte le nom ; mais à peine les côtes se dessinent-elles, ornées partout de leur riche ceinture de palétuviers, que l'admiration naît de l'imprévu d'une végétation si extraordinaire. Les derniers regards jetés sur la France ont laissé voir des côtes privées de verdure par l'influence de l'air salin : ici les arbres baignent dans la mer, croissent sur des fonds de vase à peine affermis près du rivage. Des graines apportées par les marées germent là ; des haies profondes et serrées de palétuviers s'établissent, et le terrain, consolidé par leurs racines, se prépare

I

lentement à être desséché plus tard. Toutes les terres basses de la Guyane ont ainsi été formées par des alluvions successives.

Étant encore en mer, on voit, çà et là, surgir au-dessus de l'eau, des rochers aux contours bizarres. L'un s'appelle le Grand-Connétable ; il est couvert d'oiseaux qui s'envolent par milliers au bruit des décharges de quelques coups de fusils tirés en passant devant ce rocher. Le Petit-Connétable n'est pas loin de celui-ci. On prend déjà une idée de la forme naïve du langage créole en entendant les noms des ilots qui sortent de l'Océan tout parés de verdure. Ici vous voyez dans l'isolement l'Enfant-Perdu ; là c'est la roche Grondeuse, rescif autour duquel l'eau bouillonne. Les ilots le Père, la Mère et l'Enfant, se pressent en un petit espace comme s'ils étaient liés par une même base.

Dans une direction opposée sont les îles du Salut, seules habitées dans tout ce petit archipel ; mais leur destination éveille de tristes pensées. C'est là que sont déportés les lépreux que la peur de la contagion force à éloigner de la colonie.

J'entendis raconter à une religieuse qui avait visité ces malheureux, l'année précédente, qu'ils manquaient souvent des choses nécessaires à la vie. Leur île n'a ni source ni fontaine. La soif brûlante des lépreux leur fait bientôt épuiser l'eau envoyée de Cayenne, et jamais l'approvisionnement ne répond aux besoins des malades. La religieuse qui me parlait d'eux, s'était chargée de porter leurs réclamations au gouverneur. Par la nature de ces réclamations, on pouvait juger de l'excès de dénument auquel ils étaient réduits. La prière de doubler leur ration d'eau fut unanimement exprimée d'abord, puis les lépreux demandèrent encore des planches pour faire des lits de camp, dont la plupart d'entre eux manquaient. Enfin, et pour dernière faveur, ils souhaitaient des feuilles sèches de balourou pour couvrir leurs carbets.

La religieuse ajouta avec une simplicité vraiment évangélique : « Des sœurs de mon ordre offrirent, à mon retour, d'aller habiter » l'île du Salut, pour donner des secours et des consolations aux » malades. Notre vœu n'a point été accueilli, et nous le regrettons » bien pour ces pauvres gens. Abandonnés à eux-mêmes, ils ou-

» blient notre religion, qui pourrait seule relever leur courage. »

Tandis qu'elle me parlait je croyais déjà entrevoir la chapelle, l'hopital, confiés aux soins de sa communauté, se dessiner au sommet de l'île, dont nous ne pouvions plus détacher nos regards. De jeunes sœurs de Saint-Joseph m'apparaissaient humbles et dévouées, accomplissant une mission angélique. Mais les dernières paroles de la religieuse me revinrent, et la vision disparut. « Son vœu n'avait pas été accueilli. »

Nul doute ne s'élevait du moins pour ébranler ma confiance dans l'exécution, si le gouvernement eût accordé les fonds nécessaires à l'établissement. Cela se fût commencé sans éclat, continué dans le silence sans que l'orgueil eût entaché cette œuvre sublime. L'obéissance passive des communautés, la coopération de tout un ordre aux mêmes fins, sauve individuellement ses membres du double écueil de la vanité ou du découragement lorsque l'enthousiasme a présidé au début [1].

La terre du continent se montra enfin hérissée de montagnes peu élevées, mais très rapprochées les unes des autres. Je suppose que le pays observé à vol d'oiseau offrirait l'aspect d'un champ sillonné par la main des géans. Des marécages dans les fonds, des bois sur les hauteurs, sont uniformément répétés partout. Des rivières très multipliées qui coupent le sol et se croisent de mille façons, vues de haut, sembleraient encore un vaste réseau d'argent à larges mailles, étendu sur toute la Guyane.

Du point où l'on arrive par mer, Cayenne se dessine comme un charmant village qui rappelle une vue de Suisse. Les maisons sont en bois, et peintes de diverses couleurs. On voit à la pente prodigieuse donnée aux toits des anciennes constructions, que le soin important fut d'abord de se garantir des pluies qui, pendant sept mois de l'année, tombent en abondance. A présent le bon goût a fait justice de cet excès de précaution. La toiture des maisons modernes est en harmonie avec le reste de leurs proportions, et les galeries régulièrement fermées par des jalousies, seules fenêtres connues

[1] On verra plus tard que la colonie est revenue sur cette première décision.

dans ces climats, préservent de l'ardente réverbération du soleil, sans nuire à la circulation de l'air.

Un fort domine la ville. C'est de là que des signaux avertissent les habitans de l'arrivée et du départ des navires. Sur le chemin par lequel on monte à ce fort, de petites cases se montrent avec leurs jardins fermés par des palissades grossières; mais tous ces bois sont recouverts de plantes grimpantes du plus joli effet. Les bananiers aux longues feuilles, dont une seule forme chaque branche, des palmiers au tronc svelte, aux rameaux souples et élégans, s'élèvent entre les habitations et sur les hauteurs. Les cocotiers dressent bien au-dessus de tous les autres arbres leurs tiges grêles assez mesquinement terminées.

Autour des navires qui entrent dans le port, on voit bientôt arriver de légers canots manœuvrés par des nègres, dont les maîtres viennent demander des nouvelles de France et apporter en échange des fruits du pays aux passagers. La nouveauté de ces productions excite l'étonnement des Européens; mais s'ils veulent connaître la saveur des fruits qu'on leur vante, chaque essai devient une déception. On rejette tour-à-tour les mangues, les sapotilles, les pommes cannelle, les pommes de Cythère, les bacôves, la barbadille, le corossol, et bien d'autres fruits encore. L'anana, les melons et les oranges plaisent d'abord exclusivement. Peu à peu, en se familiarisant avec le climat, on trouve à chaque fruit une qualité qui répond à une modification dans les goûts.

En parcourant la ville pendant la chaleur du jour, on ne rencontre guère que des esclaves dans les rues. La vue de ce peuple noir ne reproduit pas plus que l'aspect de la terre, l'idée qu'on s'en était fait d'avance. En général les nègres n'ont pas l'air triste. Ceux que l'on voit en premier lieu dans les canots sont presque sans vêtemens; tous, par exemple, portent un chapeau plus ou moins bossué. Cette coiffure, et leurs gestes qui tiennent quelque peu du singe, excitent le rire plutôt que la pitié. Puis, en étudiant les usages créoles, on compte sur les galeries basses des maisons un assez bon nombre d'esclaves pour être rassuré à leur égard, du moins quant à la distribution du travail. En effet, quelle que soit l'exigence supposée des maîtres, grâce au luxe qui multiplie leur nombre, la part de chaque esclave ne doit pas excéder ses forces. D'ailleurs les grands nègres, hommes et femmes, ont sous leurs ordres des enfans qu'ils forment au service et à l'obéissance. Pour ceux-là, ils sont vraiment à plaindre, les mauvais traitemens leur arrivent de tous côtés, chacun ayant sa part d'autorité sur eux; ils servent encore de jouets à leurs jeunes maîtres, qui s'accoutument de bonheur au despotisme en exerçant sur ces enfans esclaves une autorité sans bornes.

Pour prendre une idée favorable du luxe des nègres, il faudrait entrer à Cayenne un jour de fête. L'originalité et la grace tant soit peu sauvage du costume des négresses les sauvent tout d'abord de la comparaison avec les femmes blanches. Elles portent une chemise de percale fine empesée et plissée sur la poitrine et sur les manches; des poignets justes, attachés par des boutons, ferment le corsage et retiennent les plis des manches au-dessus du coude. Des bracelets, des chaînes d'or, des colliers de corail et de grenat ornent leurs bras et leur cou habituellement découvert. Un camisard, pièce d'étoffe carrée à larges raies, aux couleurs vives, s'attache autour de la taille, dont il accuse rigoureusement toutes les formes, et descend jusqu'à la cheville. La manière de mettre les madras et le camisard est loin d'être indifférente, et les esclaves de la ville ont une immense supériorité sur les esclaves des habitations, dans ces deux points importans de la toilette. L'indolence de la démarche a aussi sa coquetterie étudiée chez les unes, qui n'est plus que l'expression de la paresse chez les autres. Enfin, on ne tarde pas, dans les diverses comparaisons que l'observation vous porte à faire, à retrouver tous les degrés du beau et du laid dans les différentes physionomies de la classe noire, à laquelle on a cru voir, au premier aspect, une même enveloppe uniformément répétée sur tous.

Une surprise d'un autre genre est encore réservée à l'Européen. De quelque couleur qu'ils soient, les créoles libres ou esclaves ont un langage doux, qu'ils parlent d'un ton enfantin, dont l'affectation n'a rien que d'agréable à l'oreille. Les tournures de phrases sont si peu variées qu'on ne remarque presque pas de différentes nuances dans la manière de s'exprimer en créole; aussi l'accent populaire des matelots et des soldats blesse-t-il singulièrement l'ouïe, quand, après s'être déshabitué de cet accent, on vient à l'entendre de nouveau. Étudié dans ses détails comme dans l'ensemble du pays, l'esclavage ressort encore sous quelques rapports favorables. La mendicité est inconnue; chaque homme a un maître ou une famille qui doit pourvoir à sa subsistance quand il est malade, vieux ou infirme.

Cependant, tout ne présente pas une succession continue d'impressions agréables en se familiarisant d'avantage avec la colonie. Les souvenirs historiques reviennent exercer leur influence; de graves questions d'humanité s'éveillent sous une nouvelle forme, alors même que l'esclavage a perdu en partie les dehors sinistres qu'on lui avait prêtés.

L'intérieur de la ville offre toujours un même assemblage de maisons en bois; les unes à deux étages appartiennent généralement aux blancs; des cabanes basses servent de demeure aux femmes libérées, qui, pour la plupart, exercent un état, ou vivent des profits d'un petit commerce de détail. Une immense savane sépare la ville en deux parties. L'hôtel du gouverneur, les bâtimens militaires, le tribunal, œuvres de menuiserie plutôt que d'architecture, et cependant réputés édifices, tant la comparaison avec le reste les relève aux yeux des créoles, sont les principaux ornemens de cette place.

Si vous montez au fort, on ne manquera pas de vous indiquer, à son sommet, l'ouverture d'un cachot qui a conservé le nom de cachot Pichegru, depuis l'époque de la déportation. C'est un réduit si malsain, qu'il vient d'être récemment défendu aux officiers, quels que soient d'ailleurs les délits dont les soldats puissent se rendre coupables, de les enfermer là. Je ne sais par quel motif Jannet, alors gouverneur, usa de tant de rigueur envers le seul Pichegru, pour le préparer à l'exil de Sinnamari. Cette plage déserte et sablonneuse, où des Français eurent tant à souffrir, est située à dix lieues de Cayenne.

En traversant la place, vous pourrez rencontrer la chaîne des esclaves devenus galériens : monstrueuse anomalie qui inflige les châtimens de la société à l'homme qui n'a point été appelé à jouir des droits de citoyen. Cependant, à l'air farouche de ces gens-là, il est difficile de souhaiter que leurs fers soient brisés en vertu de ce seul raisonnement.

D'un autre côté, on se sent étrangement révolté en entendant autour de soi le retentissement des coups de fouet et les cris sourds qui s'échappent chaque fois que le coup résonne. Avouer que le système d'esclavage ne laisse pas d'autre moyen de répression, c'est dire à quel point ce système dégrade des créatures humaines. On se sent peu à peu enveloppé en un désespérant dédale, à l'examen de l'organisation morale des colonies. Tant de prétentions diverses, tant de nuances expriment des réclamations contradictoires que les plus éclairés des philantropes, s'ils voulaient approfondir les questions sur les lieux, ne sauraient plus à quelle théorie se rattacher pour faire justice à tous. Les Anglais ne s'arrêtent point aux questions de détail ; ils tranchent les difficultés sans égard pour les intérêts particuliers. Les créoles demandent avec justice pourquoi on sacrifie les propriétaires blancs à la race esclave, déjà si hostile envers ses maîtres. Comment la loi, qui appuyait naguère toutes les transactions, la loi qui protégeait l'acquéreur des terres et des hommes, est-elle retirée tout-à-coup par le gouvernement, sur la foi duquel on se reposait ? Les moyens de conciliation se brisent contre l'opiniâtreté du préjugé de la couleur ; et nous avons vu tout récemment en France des mulâtres appelés à donner leur opinion sur les droits civils qu'ils désiraient le plus obtenir, demander d'abord que les blancs fussent contraints à les appeler *monsieur*, puisqu'on obligeât les gouverneurs à les inviter aux mêmes bals, à leur donner des dîners en commun avec la caste privilégiée.

A des gens qui en sont là sur les droits civils, il devient assez difficile de faire entendre le langage de la raison. L'égalité devant la loi ne répond pas aux exigences de leur ressentiment ; il faut qu'ils arrivent tout de suite aux conséquences extrêmes du système de fusion ; peu leur importe quels seront les moyens intermédiaires. Soumis depuis si long-temps à l'arbitraire des ordonnances toujours dirigées contre eux, ils s'inquiètent peu des lois du Code, et demandent à l'arbitraire d'autres ordonnances pour les venger du passé. L'ignorance d'un côté, l'orgueil de l'autre, rendent tous les moyens conciliatoires difficiles à tenter. Mais, avant d'entrer dans des considérations générales, il faut continuer à parcourir le pays. Ce n'est d'ailleurs qu'après avoir tout vu d'un regard impartial qu'il est possible de prendre ses conclusions. Des excursions à l'intérieur, l'examen de l'organisation des établissemens destinés aux cultures, nous présenteront l'esclavage sous un point de vue dégagé des intérêts qui le compliquent dans le chef-lieu de la colonie.

A Cayenne comme dans tous les pays où l'esclavage est établi, les étrangers sont surtout frappés de l'élégance naturelle de la société, élégance indépendante de la culture d'esprit, qu'elle n'exclue pas, du reste; mais qui tient d'abord à l'habitude du commandement ainsi qu'à la confiance d'une incontestable supériorité. Les femmes ont un goût inné qui les éloigne de tout ce qui approcherait du ridicule; leurs dehors pleins de douceur, leurs formes aristocratiques ne ressemblent pas à ce que l'on rencontre dans les hautes classes de la société en France; mais à coup sûr, un salon créole n'offrirait aucun aliment à la critique la plus dédaigneuse.

Ne cherchez pas sur les jeunes visages les couleurs brillantes de la santé; un climat dévorant, d'accord avec le préjugé colonial, marque les blanches d'un cachet de débilité qui devient une grâce attristante. On ne saurait rattacher l'idée du travail, la pensée d'une vie active à la vue de la race européenne telle que les colonies la transforment dès la seconde génération. Il semble même, à voir d'un côté la force dépourvue d'intelligence, de l'autre la faiblesse du corps et la supériorité de l'esprit, que chacun soit dans le rôle que la Providence lui a assigné; et telle a été jusqu'ici la ferme conviction des créoles.

Pour être historien véridique, je dois entrer dans quelques détails sur les inconvéniens attachés au climat de Cayenne. La propreté, le luxe même dont on peut s'entourer, ne sauraient vous préserver des ennemis qui assiègent en tout temps votre repos. Dans la saison des pluies, surtout, on croirait le pays livré aux plaies de l'Égypte. Le jour, la nuit, quelque part que vous soyez, mais surtout près des arbres et loin des rayons de la lumière, des nuées de moustiques s'acharnent après vous, et livrent de rudes assauts à la dose de patience dont le ciel vous aura infailliblement doté, s'il a été écrit au livre du destin que vous verriez les pays situés sous le tropique. Les maisons n'abritent pas contre ce fléau, bien que, pour ne pas en augmenter les causes, on ait le soin de n'avoir aucun arbre dans son voisinage, au grand désenchantement des Européens, qui demandent d'abord à s'entourer d'ombrage, à voir des jardins où les palmiers et les orangers forment des voûtes épaisses. C'est à faire frissonner un créole, qui sait, lui, à quel prix ces beautés s'achètent. La nature abondante et féconde à la Guyane, tout en répandant ses dons, multiplie les espèces nuisibles, dans une désespérante proportion. Si les torrens de pluie qui submergent les terres, imprègnent d'humidité tout ce qui vous touche, mettaient à flot quelque jour une maison de Cayenne, ce serait à coup sûr une arche de Noé d'un nouveau genre, qui porterait dans le lieu où elle aborderait la plus complète collection d'insectes que l'on ait encore recueillie.

Après le coucher du soleil, les crapauds entonnent un concert qui ne s'interrompt plus que le lendemain ; on les rencontre à chaque pas dans les rues. Ils entrent familièrement dans les maisons, dont les chauve-souris sont des hôtes plus assurés encore. Les ravets, sorte de hannetons, vivent de votre pain, goûtent à tous les mets, coupent le linge et les étoffes, se glissent partout, se trouvent à chaque instant sous vos mains, et laissent une odeur insupportable à ce qu'ils ont touché. Des mille-pattes d'une magnifique espèce, des scorpions, des poux de bois et des fourmilières de toutes les variétés possibles, des araignées monstrueuses, sont là sous vos yeux à toute heure se dévorant les uns les autres. Enfin la mouche à drague, bien autrement redoutable que la mouche à miel, fait son nid sous votre toit, dans votre salon même quand la fantaisie lui en prend, et c'est à vous d'être sur vos gardes pour ne pas la toucher, ou son dard perçant punira cruellement la moindre distraction. Du reste, fort brave de sa personne, elle vient se poser sur vous, se promener sur votre figure, comme si vous aviez accepté les conditions du traité fait à son seul avantage.